I0534592

JOSEFA DE LIMA

DONA PETRONILA
Emergências da memória

©Copyright: Josefa de Lima
©Copyright: da presente edição, Ano 2019 WANCEULEN EDITORIAL

Título: DONA PETRONILA
Autor: JOSEFA DE LIMA

Editorial: WANCEULEN EDITORIAL
Sello Editorial: WANCEULEN NARRATIVA

ISBN Papel: 978-84-9993-726-7
ISBN Ebook: 978-84-9993-727-4

Impresso em Espanha. 2019.
WANCEULEN S.L.C/ Cristo del Desamparo y Abandono, 56 - 41006 Sevilla
Webs: www.wanceuleneditorial.com y www.wanceulen.com
Email: info@wanceuleneditorial.com

MEMORIAL

Regresso ao Sul à Inocência
à memória mais feliz
por inventar
às portas da vivenda abandonada
onde brinquei
à mão da avó
pousada sobre a minha cabeça

Regresso aos cheiros
aos figos das piteiras
ao mel das flores agrestes
ao cais ao mar à frescura
do atum e das palavras do Avô
às sereias e monstros nas paredes
despertos pela mão do petróleo

Regresso à porta de zinco atravessada
não sei por quantas mulheres
de branco toucadas
e ao riso e ao canto daquelas bocas
espantando a prata da sardinha

Regresso a Ayamonte
levada pela mão do avô
e à sevilhana que fui nos carnavais da infância
de castanholas e mantilla
"por donde vás de mantilla, guapa?"

Regresso
de vez em quando regresso
ao baú da memória
e de lá tiro um pouco
do tudo que há lá

Josefa de Lima
"I Antologia de Escritores de Albufeira"
C.M.A. - 2009 - 9L/Nove Letras

Vila Real de Santo António...

Vila Real de Santo António ficava num outro mundo, distanciado por quilómetros e quilómetros de linha férrea. A Vila tinha um cheiro diferente e uma temperatura morna, mole, quer de dia quer de noite, extrovertendo as pessoas, impelindo-as para um convívio sadio. Depois do jantar, as mulheres, sentavam-se à porta de cada casa, de cada rua, de *abanicos* em ação, esperando a chegada do arrefecimento da noite, para se recolherem e estenderem nas suas camas com os seus homens. As ruas iluminavam-se sempre que a lua aparecia no topo de cada uma, ao mesmo tempo que as crianças, de *crinas à brisa,* ziguezagueando livres e alegres montadas nos seus imagéticos cavalos-vassouras, a desafiavam para um corre-corre-sem-fim, no qual a lua chegava primeiro à meta! Entretanto, como por magia, das mãos das mulheres soltavam-se as camisolas, as luvas, as peúgas, os cascóis, ainda presos aos fios dos novelos saltitantes, dentro das cestinhas. E os homens acendiam os cachimbos, molhavam as gargantas com bagaço, eram donos do mar e falavam do inimigo comum, a tormenta. Falavam ainda do atum pescado, por vezes trocado pela carne de porco, quando da matança - salgando-se um e outro, mais as sardinhas dispostas em *radial,* "estrela", nas barricas. Nas noites de S. João, saltava-se à fogueira nas ruas espaçosas, e bailava-se o *corridinho mandado,* que de tão pulado provocava o *desgaste sadio* dos pares, ao mesmo tempo que numa conjugação de alegria e movimento, se fazia juras de amor, e se comprometiam para sempre.

Chegado o Carnaval, apareciam de surpresa, as incógnitas *mascarilhas* vestidas de preto, com panos no rosto, chapéus e bastões... caminhando unidas... o terror da criançada.

- Truz, truz, truz. A sua *mecinha* como se porta, Dona Petronila?

– Bem! Vão-se embora, suas *maganas*, que daqui não levam nada!

No tempo da Quaresma, um Cristo ajoelhado, vestido de roxo, sangrava com uma cruz de espinhos enterrada até aos olhos. Vergado pelo peso da cruz, sobre um dos ombros, saía da Igreja para se encontrar com a Senhora das Dores, sua Mãe. Pela altura da Páscoa, bem cedo se ouvia a população vociferando contra um arrastado Judas, a caminho da forca e do fogo. Quanta ira, quanta revolta, naquele tão esperado acompanhamento! Chegado o Verão, era uma alegria ver a Senhora da Encarnação sair à rua, vestida como uma rainha, levada em ombros pelos Irmãos da Confraria. Os anjinhos e outras alegorias antecediam a banda e, num magote ordenado, todo o povo a seguia. Acendiam-se velas, pagavam-se as promessas feitas em hora de aflição. Cantavam-se hinos. Os corpos eram esquecidos. Só o espírito existia. Mas já na praia, a Senhora da Encarnação abençoava as águas que nela dormiam, e ambas se tornavam santas. Os barcos engalanados esperavam a sua vez e todos, todos eram abençoados.

Os sentidos...

Naquele tempo perdido, quanta suavidade e doçura a *menina* colhia gratuitamente, pelos caminhos! O perfume das mimosas e da amendoeira, entrando pelas narinas dilatadas, lavavam-na por dentro, entornando-se depois pelos seus olhos de criança, muito abertos. Jamais, ninguém lhe poderia arrancar aquelas visões, nem lhe tirar aqueles embriagamentos. Era um milagre tamanho, assistir à explosão das amendoeiras na sua exuberante floração, ladeando a estrada de chão batido, por onde a "menina" seguia nas suas deambulações, com o objetivo claro de desvendar o encanto misterioso da vivenda abandonada, onde brincava tantas vezes. Essa experiência, oferecia-lhe uma sensação diferente de todas as outras. Apenas a angústia, no seu peito, fazia crescer os fantasmas que abriam as portas mal passava a brisa. Nessa altura, confrontada com o medo, a *menina* era dona e senhora de si própria, vencendo-o.

Pelo Verão, na Praça daquele senhor importante, aquele... que antigamente comandava a guarda das marcas e fronteiras do Estado, - Sua Ex.ª, o Senhor Marquês de Pombal - apareciam carrinhos de *algodão doce*, de *gelados*, de *torrão de Alicante* e... de uma *doçura compacta*, à qual se incrustavam *pinhões*, e que se cortava aos cubos... De repente, a criançada parava de brincar, para lamber essa estranha doçaria que, até chegar ao fim, levava um tempo sem medida, deixando lambuzadas as caras da criançada, como se de uma pintura se tratasse... mas lá que era doce... era!!!

"O Circo! Viva o Circo!" Outro mundo a absorvê-la, com todo o seu mistério e fascínio! Mal sonhava a sua chegada, fugia à Avó, esquecendo a *colher de pau* e, não sabendo como, lá estava sentada à frente dos palhaços, *rico e pobre*. Arrebatavam-na, o brilho e a cor do fato do primeiro, mais a alvura do seu rosto pintado, enquanto as pantominices e momices do outro, andrajoso e desengonçado, lhe desarticulavam o riso e o corpo. Lembra-se, ainda, de um "circo ambulante", desprovido de qualquer tenda circular, que espalhava pelas ruas a sua graça tão espetacular.

Certos perfumes interiorizados levam-na ainda, como se fora ontem, à vizinha Espanha e à fuga sonhada ou vivida, de mistura com um grupo de crianças de um colégio espanhol (?) de passagem por Vila Real de Stº António, hoje uma cidade. Ayamonte atraía-a. De lá vinham os estrangeiros todos, pensava. De óculos escuros com aros de massa branca, vestidos de roupas claras e frescas, passeando-se pelas ruas, falando uma linguagem que a divertia. Vinham todos de lá, não tinha dúvidas. Nessa altura a *menina* ignorava o resto do seu país. O mundo, esse, era ali ao pé dela, no lugar que a vira nascer... e para lá do Guadiana, o *restinho* do mundo... a Espanha...

... o Guadiana, essa água imensa, esse espelho a tudo assistindo, *calminho*, no seu embalador marulhar, levando e trazendo de barco os sonhos das pessoas, de uma *orilha* para a outra... Que tempos esses. Porém, não se lembra a *menina*, das birras ou zangas do rio, mas do bulício das vozes de quem carregava e descarregava o pescado...

O Farol

O farol tinha sido, para as crianças pequenas que brincavam na rua ao calor da noite, um gigante muito respeitado e admirado, tal como a intrigante lua que as ultrapassava, chegando à meta em primeiro lugar, partindo, fosse, de que ponto fosse.

Mas como associá-lo à luz, se era de dia que a longa estrada, dividindo a mata ao meio para as levar até ele, se deixava atravessar? Primeiro haviam conhecido aquela luz misteriosa, através da sua aparição pelas ruas, com tempo marcado, ora se mostrando, ora se escondendo; depois, para onde iria aquela luz? E um dia, em grupo, resolveram segui-la, indo ter à praia; e isso bastou-lhes durante algum tempo, até que, ao vê-la partir de um ponto certo no escuro, cumprindo-se pela distância, surgiu nova interrogação: de que local viria? Um mistério que ocasionalmente, acabaram por desvendar (...)

Erguido como estátua

dominava

o mar

a vila

a mata

e alguma indiferença lhe votavam

mas a criança foi seduzida

pela intermitência do seu olhar

- Cúmplice piscar de olho

a devolver

a importância trocada -

atração secreta

a proteger

dos temporais

O Circo

A *menina*, um dia, ouvira os sons de um tambor e de uma corneta, entrando por baixo da porta e, como esta estivesse fechada, não fez mais nada: colocou uma cadeira dentro do tanque da roupa, e chamou pela amiga Florinda, que andava a regar os Brincos de Princesa. Esta, assim que a ouviu, deu-lhe a mão para que saltasse para o seu quintal, - melhor dizendo, o quintal do pai, o vizinho Mestre-Zé-Sapateiro. Atravessando a casa a correr, foram ambas para a porta, sem ligar ao que lhes dizia o pai dela, que mal se entendia de martelo no ar e de prego no canto da boca. Nem queriam acreditar no que os olhos viam: a dobrar a rua, sim, era mesmo verdade, um urso e dos grandes, daqueles que apareciam no circo. O circo que a *menina* adorava e sempre que podia, dava uma escapadela até lá onde estava montado, na avenida marginal. As luzes e o brilho das lantejoulas do fato do palhaço rico; e das meninas que se contorciam no solo e na corda, saltando no ar de um baloiço para outro; e a magia dos truques, os cãezinhos amestrados, os cavalinhos lindos de morrer... eram de facto um apelo irresistível para a criançada e também para toda a gente! Mas aquele urso, coitado, de grossa corrente de ferro, presa no pescoço gasto e, - pasmem-se! - a tocar tambor. Com ele vinha um palhaço a tocar corneta e um anão a segurar a outra ponta da corrente. Havia, ainda, um macaquito muito engraçado, de chapéu na cabeça e de lencinho vermelho ao pescoço. No chão da rua o palhaço estendeu um tapete e sobre este colocou um palanque, no qual o urso se equilibrou, só numa das patas. Após os aplausos, o palhaço recomeçou a tocar corneta e o urso a tocar tambor, ao mesmo tempo que o macaco dava cambalhotas. E todo o mundo se ria. Quando o espetáculo acabou, agradeceu as palmas, recolhendo no chapéu as moedas que lhes quiseram dar. De seguida, dobrando o tapete com caretas engraçadas, lá seguiu atrás dos outros, até chegarem a outro cruzamento, para de seguida virarem por outra rua. Assim que desapareceram, num abrir e fechar de olhos, como a porta estivesse fechada, a *menina* desafiou a Bia e a Florinda, para brincar às escondidas até chegar a Avó. Não se livrou, porém, da grande *colher de pau* aplicada no traseiro – o que, no presente, lhe parece pouco para o que fez.

O Poço...

A casa da Dona Petronila, tinha três paredes em comum com os vizinhos. Assim virados, de frente para a porta da casa, a parede do lado direito *dava para a do Mestre Zé-Sapateiro*, o qual partilhava com a *"menina"* da Avó o gosto pelos *brincos de princesa*, sendo, também, seu cúmplice e aliado, na amizade que a unia à sua filha Florinda. A parede que ficava do lado esquerdo, *dava para a da Isabelinha*, a enfermeira madrinha que, por sua vez tinha um bonito relógio de parede, através do qual, inocentemente, se orientavam todos ao mesmo tempo, sendo a ressonância das badaladas, *música gostosa para todos os ouvidos.*

A terceira parede situava-se nas traseiras da casa, sendo nela talhada, na horizontalidade, uma janela comprida e estreita q.b., deixando à vista o poço implantado no quintalinho da vizinha, da Rua Sousa Martins, permitindo assim o uso do mesmo por todos. Essa parede nas traseiras, fechava o pátio, unindo as duas paredes laterais. Encostado à parede do minúsculo pátio, havia um reduzido galinheiro que às vezes tinha um galo e duas galinhas, ou um casal de *coelhitos*, e um pequeno tanque onde se lavava a roupa. Nesse tempo, o poço, era sem dúvida, um meio de comunicação curioso, rápido, acessível. Às vezes, estabeleciam-se diálogos engraçados através do seu *eco*, e por ele se trocavam pedidos, queixas, recados, favores... quando a Avó obrigava a *sua menina* a prisão provisória, fechando-a à chave, o mesmo servia, como uma fonte emissora de canções e de histórias. Por último, não podendo ser de outra maneira, em circunstâncias aborrecidas de tédio e pasmo, a *menina* colocava uma cadeira no tanque da roupa. Galgando a dita parede, já lá estava do outro lado a Florinda de mão estendida, avisada que fora através do poço, bastando à *menina* saltar para o quintalinho do Mestre-Zé-Sapateiro.

- Mas que raio de coisa terá o quintalinho, para atrair tanto a *minha menina?*

- Ora dona *Patronilha*, então não sabe que a sua *menina* adora os brincos de princesa os que o Mestre-Zé-Sapateiro cultiva com tanta dedicação? E vai daí, apanha-os e põe-nos nas orelhas, no pescoço, a toda à volta, e na cabeça, como se fosse uma rainha coberta de joias.

- Tem a quem sair a minha *menina*, oh, se tem! Sai ao pai, ora essa!

- Olhe, dona *Patronilha* o Mestre-Zé-Sapateiro, até lhe acha muita graça, à maganita da sua menina, e até lhe pede que fique um bocadinho mais a brincar com a sua filha Florinda, muito embora os vasos fiquem como se lhes passasse por cima o *Levante*.

- E agora por falarmos da minha *menina,* vê la se a encontras, Rita, que estas pernas começam a pesar-me. Ai, ai, ai, a minha vida!

- Ora dona *Patronilha*, a comover-se agora! Largue lá o avental! Olhe que a *sua menina*, ainda lhe vai trazer as alegrias que vomcê nunca imaginou ter. Acredite no que lhe digo eu, dona *Patronilha*, ou eu não me chame Rita Cardoso! A sua *menina* ainda vai ser a sua companhia... Olhe eu vou, mas é andando, que já começa a fazer-se tarde. Deixe lá isso, agora, dona *Patronilha*! Não demora nada, venho trazer a sua *menina* de volta.

- Deus te abençoe, Rita, que tão boa alma tens, e que Deus te depare com um rapaz trabalhador, decente e honrado, que te faça feliz como mereces, rapariga.

- Que é isso, dona *Patronilha*, ainda sou muito nova.

- Pois sim, pois sim! A tua mãe era mais nova do que tu, quando

te pariu, e não veio mal ao mundo por isso.

A Fábrica Parodi

Um portão de ferro, largo e deslizante para as grandes descargas, pintado de azul plúmbeo, e nele uma porta estreita e baixa talhada a quinze centímetros do chão, por onde os operários, pela manhã desfilando um a um, levantavam uma perna de cada vez, ainda mal espantado o sono depois da *matança do bicho*, na Taberna do Quim Canhoto. Entravam prontos para a labuta diária, com uma energia espantosa, combativa e renovada, apesar da rotina de sempre. Era assim, exceto quando alguém adoecia ou, acidentalmente, ficava retido no leito, "que a Senhora da Encarnação os livrasse de tal! para longe fosse o agoiro"... As mulheres lá entravam, e conforme a tarefa que lhes era destinada, em série, colocavam-se nos seus lugares, e... "vá de dar às mãos e à língua, que o trabalho só, não chega"!

Às vezes, vinda que fora da Praça e tendo seguido pela marginal, aparecia a *menina* da Avó e ali se quedava, olhando e remirando o atum, espantada com as dimensões daquele animal enorme. Uma mistura de sentimentos apertava-lhe o coração pequenino. Talvez admiração e pena por ver aquele ser, exposto pela cauda, soberbamente, enquanto os homens o mediam e pesavam, arrogantes da luta com eles travada, - orgulho esse, da parte dos homens, que iria ressoar mais uma vez, na Taberna do Quim Canhoto, quando da tomada de alguns copos de três, lá mais pela tardinha. Volatizava-se, a vibração aguda e fresca das vozes femininas, através das *modinhas do Sul*, contrapondo-se ao matraquear das máquinas, ao mesmo tempo que, das mãos hábeis, escorregavam para a banca corrida as sardinhas já desventradas e decapitadas, facilitando todo um trabalho em "série", até ao produto final, a lata de conserva. (...) No ar, o vozeirão dos homens vestidos até aos sovacos, com um macacão de lona preta, calçados com luvas do mesmo material, na descarga do pescado nas bancadas corridas. Quanto ao atum, - pobres desses inocentes seres! - era lançado no chão lavado e inclinado de uma tijoleira brilhante, onde se confundia com o próprio sangue fresco, jorrado dos golpes vibrados no lombo e no ventre... Às vezes, faiscavam estrelas luzentes, multicolores, nessa mistura de água, sangue, sal, que uma nuvem tornava invisíveis, para depois as devolver à refração solar de onde tinham vindo. No ar, ainda o vapor quente, devassando as roupas e os cabelos, apanhados numa touca de pano branco que, por norma, as mulheres sempre traziam e que as tornavam tão engraçadas, porque as igualava. O cheiro a peixe e óleo, o cheiro de gente enrolando uma alegria sadia, e tudo em movimento: pessoas, peixe, máquinas, acessórios. De vez em quando, não sabe quanto tempo depois, já esquecida a tristeza e o espanto, a *menina* era presenteada com um naco delicioso de atum fresco, cozido a vapor nas autoclaves, trazido para casa pelo Avô. Jura que nunca comeu atum tão bom como aquele.

Dona Petronilha

Magnânima, de mãos sempre abertas, rasgado sorriso. Alta e forte – corpo de terra – lenço atado por baixo do queixo, avental atado sobre a saia rodada, ampla e longa, semeada de flores brancas, miudinhas, num fundo escuro. Os seios enormes que lhe sobravam na blusa de botões prestes a saltar aliados à palavra fluente dita em ocasião própria, espirituosa e divertida, davam-lhe um "certo ar", como dizer? imponente. O olhar triste e desenganado, por certo não condizia com o que atrás foi dito, mas como um íman, atraía um desfiar de desgraças e de alegrias de quantos, dela, se aproximassem. Para todos, a dona *Patronila* tinha sempre uma palavra de conforto e de esperança, e um abraço que distribuía sentidamente. Possuía, ainda, uma qualidade invejável para a época: sabia ler e escrever.

- Dona *Patronilha*, escreva vomecê uma cartinha para o mê Raul, o que anda na tropa, coitadito. Olhe, diga-lhe que lhe mando, lá prá semana que vem, se Deus quiser, as peúgas e as meias que ele pediu, Ouviu, dona *Patronilha*?

- Ouvi, sim. Se Deus quiser! Cá vai santinha, ora oiça, *"meu querido filho, em primeiro lugar estimo a tua saúde, que nós cá vamos indo com a graça de Deus..."*

E por aí fora vinham as confidências, as lágrimas, as promessas feitas à Senhora das Dores.

- Dona *Patronilha*?

- Diga, santinha.

- *Cánde chégue o mê Jaquim? Vomecê anota tudo, vomecê sabe... Ai nã viram lá iste? nã malémbra o dia! Ai que se me varreu da memóira!, cande chega ô mê Jaquim? Diga lá, dona Patronilha, vomecê sabe, diga lá.*

- Espere um pouco, santinha, que eu estou a procurar no caderno. Vomecê não para de falar, como quer que lhe diga alguma coisa? Tenha calma, pelas alminhas! Ora... vendo bem, deste sábado a oito, já cá o temos. Mas não se amole, santinha, não se amole e vá-se preparando, que o nosso homem, salvo seja! Olhe que vem de lá roidinho de saudades.

- A Senhora das Dores a ouça, dona *Patronilha*, que boa alma tem! Que a santa lhe dê tantas felicidades como as que você merece! olhe, tantas ou mais que pra mim.

- Chega de conversa Cristiana, chega! Também não é para tanto assim!

Dona Petronila... e a "sua menina"

Pelas noites mornas, depois de comido o arroz com castanhas piladas, ou o feijão com repolho, temperado com algum pedacito de carne de porco ou de toucinho, trocados pelo atum; depois de lavados, no alguidar de barro vidrado, os pratos também de barro, com motivos coloridos trabalhados em relevo com grânulos arenosos, Dona Petronila sentava-se à porta da casa rasteira, na larga cadeira de fundo de palha. A seus pés a cesta das lãs e dos trapos, e ao lado o banquinho onde a "sua menina" largava a vivacidade, depois de correr e de brincar com os vizinhos. Dava gosto vê-la, de livro aberto sobre os joelhitos erguidos, tentando ler o seu único livro, As Proezas do Anão Folião, o livro da Majora que lhe oferecera o padrinho enfermeiro, Miguel Viegas; ou então a BD d`O Mosquito; porém, sempre se entretinha, embalando nos bracitos curtos, a boneca "Nila", que a avó lhe fizera com restos de trapos e lãs, com olhos de botões; ou uma outra, das já guardadas na memória, das que o Avô comprava na Feira e que se desmanchavam no banho.

Que enlevo, *a sua menina!* Mais tarde deitá-la-ia, e com ela rezaria as suas rezas cantadas, até que o sono a tomasse. Antes, disso, caia-lhe no regaço o luar, escorrendo do fundo escuro bordado a lantejoulas! Das suas mãos ainda por gastar, saiam-lhe pequenas maravilhas em lã, ou tiras de trapo pacientemente recortadas, escolhidas, cosidas a ponto miúdo. Do seu olhar iluminado, a segurança para uma noite sem pesadelos e um novo dia rompendo!

Num pequeno nicho, cavado na alvura de uma das paredes do quarto dos avós, exibia-se um alegre serviço de copos de vidro, de um azul forte, bordado com florinhas brancas em baixo relevo; do mesmo fazia parte uma garrafa de longo gargalo, com uma rolha de vidro facetado, e uma travessa oval, ambas decoradas de igual modo. Ficava a neta, muitas vezes, depois das orações com a Avó, de olhos abertos, deitada sobre a cama larga e macia. Aceso na sala, porém, o candeeiro de vidro transparente, cuja luz era controlava pelo aperto da torcida mergulhada no petróleo, - através de uma pequena rosca de metal junto da chaminé -, ia deixando escapar um fio de luz dourada, pela fresta da porta entreaberta. A *menina* deixando-se embalar de olhos semicerrados, era dominada por um único pensamento. Quando chegasse a altura própria.... o Avô comprar-lhe-ia os chocolates e as castanholas. E assim se ficava, fixando o olhar no jogo de copos, até que o sono, subtil e poderoso a vencesse.

Pela manhã, Dona Petronila cingia a sua *menina* nos braços fortes, e alisava-lhe os cabelos com os dedos: *"bom dia, minha menina"*! A roupa já estava em cima da cama para que a vestisse sem demora, mas antes, a Avó deitara um pouco de água numa pequena bacia esmaltada, colocada num suporte de ferro branco. Passava-lhe, depois, uma mão cheia de água pela cara, deixando que a "menina" se ensaboasse com o sabonete oval, comprado em Ayamonte.

Dona Petronila e Ti Maria Florinda

Em noites em que se avizinhava grande tormenta, vergada sob o guarda-chuva retorcido, debaixo de um céu de chumbo, roto pela força da água e negro como Satanás, o espírito das trevas, dona Petronila ia a casa da Ti Maria Florinda e lá trocava os seus presságios, enquanto se comia a sardinha frita e as papas de milho. Os homens, esses, em confronto com a boca medonha do mar enraivecido, voltariam ou não. E como se de um ritual se tratasse, as duas mulheres passavam os dedos gastos pelas fotografias gastas de outros tempos. Que outros tempos?!, santo Deus! apenas a mocidade, agora roubada, fora a sua alegria e a sua tristeza, porque os filhos e os homens... eram uma carga de trabalhos e desenganos.

Primeiro as doenças dos *mecinhes*, as febres altas acompanhando as *presas* no rasgar das *gengives*, *as solturas*, o *sarampo sarampelo sete vezes vai ao pelo*, as bexigas doidas, e um nunca mais acabar de noites perdidas *sem pregar olho*, chorando e rezando. Quanto aos homens, iam-lhes pregando sustos e desgostos, ora por as atraiçoarem com amores repartidos, ora por eles próprios serem atraiçoados pelo mar, que muitas vezes os engolia ou castigava, sem os devolver à terra.

Quando chegavam inteiros com as traineiras a abarrotar de peixe e marisco, aí, sim! eram corridas doidas pelo areal, abraçados depois pelas cinturas, rodopiando alegres, felizes. Os miúdos puxavam-lhes pelas roupas pedindo que lhes contassem as lutas renhidas com os monstros marinhos e outros seres fantásticos emergidos das águas profundas, quer em noites de luar ou de procela. E o relato seguir-se-ia na "Taberna do Quim Canhoto", para quem não fora ao mar... ou na casa de cada um... "Primeiro o doce e repetido canto da sereia guiava-os para fora da rota traçada inicialmente, depois o mar caía-lhes em cima, apertava-os de encontro ao relevo posto a descoberto pelas vagas".

E a narrativa prosseguia até serem surpreendidos pela noite. As sombras alongadas pela fraca luz de candeeiros a petróleo entravam no fantástico, que atingia assim outra dimensão, medonha e fascinante. "Seres *bicéfalos*, metade dragões metade cobras, com caudas em setas e bocas em chamas, guardavam tesouros de pratas e pérolas, dobrões e joias raras, bem como outras preciosidades".

Chegados aqui, os olhos das crianças desmedidamente abertos, trocavam a firmeza por um pestanejar nervoso, denunciando o espanto e o medo que os arrebatava. O pai, o tio, o irmão, então arrematavam a narrativa da forma mais rápida e mais simples que conheciam: "... com os seus músculos, redes e cordas, e as lâminas das suas navalhas, os homens venciam os monstros, e enchiam de preciosidades as embarcações com os seus tesouros conquistados com tanto valor". Agora sim, as cabeças das crianças pendiam sobre o colo, e as mães afagando-lhes os cachos de cabelos pesados de sal, deitavam-lhes por cima uma manta tecida de trapos de todas as cores. Nos colchões de palha dispostos pelos cantos da casa, a história contada, então, não tinha fim.

Mário e Fernanda Maria...

Mário, o segundo filho de Dona Petronila, acabada a tropa casara com uma moça esguia de corpo, de mãos, de cabelos... dela, o sogro dizia: "mais parece a sereia de pedra polida, sentada no relevo rochoso de um lago de Copenhaga!

Dobrada sobre a roliça almofada, em suporte de pinho escurecido, passava os dias tecendo motivos remotos, trazidos à luz dos fios de seda desmaiada, tão desmaiada quanto Fernanda o era. Trazia a vida por um fio desde que perdera a criança guardada. Frágil como era, não chegara a recompor-se, sendo posteriormente levada para um sanatório – lá para os lados do Marão -, quando encontrada caída, com um risco vermelho escorrendo da boca ainda rosada, e os olhos de um azul-água pedindo sombra, silêncio, descanso. Voltara mais tarde parecendo curada, cheia de forças, fazendo projetos e... finara-se no branco dos lençóis da cama da sogra. Fora Dona Petronila que lhe fizera o funeral, cobrindo antecipadamente os móveis com a alvura dos lençóis; dando azeite às lamparinas ressequidas que, depois de limpas e acesas, brilhavam lançando jogos de penumbra em movimento.

Mário emigrara para a França e lá se casara em segundas núpcias com uma portuguesa de quem tivera uma filha igualzinha, por sinal, à *menina da Avó*. Dona Petronila comparava os retratos que a nora lhe enviava dos arredores de Paris... e não havia dúvida! as crianças eram tão parecidas, como ela própria era com a sua irmã Sofia... "Havia cada coisa no mundo, que até parecia bruxedo!", não que ela acreditasse nessas coisas, não! Mas que dava para pensar, dava!

Luisinho... o quarto filho

"Tão bonito e logo por azar, só por azar, nascera com aquele defeito". Era o que se dizia na Vila.

- Não dês tantos mimos ao *mecinho*, olha que isso, só o estraga! Estás sempre a fazer-lhe as vontades, um dia dizes-lhe que sim, outro, dizes-lhe que não, um dia não vais ter mão nele, mas nessa altura será tarde demais.

- Isso é o que tu pensas, Rodolfo. Então não vês que o Luisinho só se interessa pela banda desenhada do António? Custa alguma coisa passar-lhe para a mão o livro? Ele vê os bonecos e pronto, farta-se logo. Mas ao menos está sossegado.

- Não vês que o podes estragar com mimos, Petra? E se estraga o livro ao irmão? Quem é que o vai aturar? Vá, se queres faz-lhe a vontade. Eu é que não estou para me *marafar.*

- Espera lá, Rodolfo. Onde é que vais agora?

- À Taberna do Quim Canhoto. Queres alguma coisa, Petra?

- Não, homem. Agora vê lá a que horas chegas... olha que a traineira do Mestre João, parte pelas cinco da *matina!*

- Toma conta do *mecinho* e não me amoles, Petra. Está bem? Homessa! Não me chega ter que partir não tarda... pensas que é fácil andar no mar, meses e meses na *armação do atum?*

Era assim que ele, o Avô, a calava. Já estava acostumada a estes e outros diálogos. Não lhe servia de nada responder. Às vezes ficava para ali a murmurar jaculatórias. É que não parava em casa! Tomara que a traineira do Mestre João, partisse logo... para salvar a alma do pecador que era o seu marido! - *ai que Deus a perdoasse!*

Rodolfo... o Avó Patronilho

- Petra?

- Ah! Chegaste! Em que estado, santo Deus! Sentate, homem. Já te ajudo a descalçar as botas, deixa que ponha a chaleira ao lume. Está um frio de se cortar à faca! Nunca mais acaba o Inverno...

- Sabes lá o que é o Inverno, Petra? Na Noruega, sim, é que o frio se corta à faca, e nos mata, se não nos defendermos com as peles, as cervejas, as bebidas quentes, as... olha, Petra, a minha mãe dava-nos rum com canela.

- Não era a filha da Josefa Rita que havia de beber tal mixórdia. Ai, pois não! Muito me haveriam de dar para que tragasse tal preparo.

- Não vejo onde está a diferença. Aqui deita-se bagaço no leite...

- *E ele a dar... e a burra a fugir.*

- Não *arengues*, mulher! Não te *amofines*. Sabes que acabo de chegar de tão longe e já estás a *marafar*.

- Pois, já sei o que queres. E eu, que estive para qui sozinha o tempo todo...

- Um dia hei de levar-te à Dinamarca, Petra. É um país tão lindo...

- Com o frio que disseste que fazia por lá... Mal posso com este aqui, quanto mais...

- E então, esse café, Petra?

- Olha, Rodolfo, vai cortando o pão, que eu ponho a mesa. Tens aí o toucinho e a banha de porco. Não te esperava tão cedo...

- Deixa, Petra, não tem importância... eu cá me amanho.

- Olha lá, Rodolfo, trazes alguma coisa?

- Então não houvera de trazer? Claro Petra, claro! Olha o balde vem cheio de corações, espinhetas e... algumas fatias de atum... foi o que se pôde arranjar... deixei lá fora, como de costume...

- Abençoado seja o Senhor e abençoado seja o meu homem!

- Senta-te aqui, Petra. Sabes lá o que é andar no mar, atrás daqueles esfomeados, traiçoeiros e assassinos!

- Abençoado seja o Senhor! Já o disse, digo e direi, sempre que Ele for misericordioso para contigo, Rodolfo.

- O Senhor se lembre de mim esta noite, Petra, e te torne mais doce que a pasta de figos!

- Cala-te, Rodolfo! És sempre o mesmo.

- Apaga lá o candeeiro, mulher.

- Deus seja louvado, pela companhia do meu homem!

- Petra?

- Rodolfo...

- Petra?

- Ahn!

- Amanhã levo a "pequerrucha" à feira...

- Está bem, Rodolfo, descansa agora.

- ... e compro-lhe as castanholas

- Isso! As castanholas!

Miguel o terceiro filho.... andava na tropa...

- Avó, olha! Chegou para ti... foi o carteiro....

- Deixa ver... Rodolfo, deixa cá ver. Um postal! Josefinha, vai pelos óculos da Avó, sim? Ah! É do nosso Miguelinho. Diz que caiu nas boas graças do sargento e pede umas amêndoas para lhe adoçar a boca. Ainda bem que está contente, coitado! Este filho é tão difícil de se contentar! Não me passa, sequer, pela cabeça, o quanto lhe deve custar a suportar a tropa, com aquela disciplina toda... horas para tudo, tantos exercícios esforçados e pouco descanso... má comida... TROPA! E ainda lhe falta meio ano para acabar, coitado!

Ainda não passara um mês, após a entrega do postal, quando a porta foi sacudida por fortes batidas, em cheio na noite...

- Quem será a estas horas, Deus meu? Parece que vem com fogo. Quem é? Não bata mais, que eu já abro o ferrolho, mas primeiro deixe-me abrir o postigo, não vá o mafarrico tecê-las! Pronto, já está. Mas és tu, filho? Oh Miguel! Em que estado vens, meu pobre filho. Minha Senhora, das Dores valei-me!

- Mãe, fugi. F u g i...

- Mas...

- Eu sei, eu sei, mas faltava-me meio ano ainda... Não aguentava mais, mãe! Aquilo era uma tortura...

- Mas vais ser castigado, Miguel! Um filho desertor! Desertor! Para o que eu estava guardada, minha nossa Senhora das Dores!

- Cale-se vossemecê, mãe! Venho apenas dormir um pouco e depois sigo para a fronteira.

- Vais para onde, filho? Descansa e amanhã apresentas-te aos teus superiores. Ai, que não te livras de um castigo severo, meu rico filho!

- Vou ter com o António... ele não me vai deixar assim...

- O António para aqui, o António para ali... eu é que adivinho o que vos espera a todos.

- Abram em nome da Lei!

- Ai, Jesus da minha alma, valei-me!"

O Miguel fora levado, julgado, castigado, porque incorrera numa infração gravíssima, e ficara recluso por mais de cinco anos no estabelecimento da Trafaria. Gozava já de alguns privilégios, apadrinhado que fora pelo diretor prisional, face ao seu bom comportamento, quando tentara a fuga com mais quatro reclusos. Três deles tiveram morte instantânea após a troca de tiros com a guarda militar, um escapara, e ele, para cúmulo do azar ficara ferido numa perna. Dali seguiu para o Hospital Militar de Lisboa. De regresso à Trafaria, e sob prisão, pedira a presença da mãe, que juntando os poucos haveres lá se metera ao caminho. Fora-lhe difícil chegar à Trafaria, mas dona Petronila não era mulher para atrapalhações e quando se propunha alcançar um objetivo, fosse ele qual fosse, fazia tudo para o concretizar e, quase sempre, o conseguia. O filho, esse, prometera-lhe emendar-se, mas dobrado o castigo pela falta cometida, perdera a coragem, e sem tréguas nem razões para tal, deixara-se levar para o mais fundo de si próprio, num completo abandono pela sua pessoa. Transferido de novo para o Hospital Militar de Lisboa, fora-lhe amputada a perna que em tempos tivera sido ferida, por ter sido acometida de gangrena... e tão cedo não sairia dali. Um mês depois, acabaria por acabar com ele, de uma vez para sempre. E assim morrera Miguel, o terceiro filho de Dona Petronila, no Hospital Militar de Lisboa...

Dona Petronila chorara tempos a fio: rebentara-lhe o rio que havia muito aprisionara dentro do peito, galgado, que fora, o relevo húmido e morno de um corpo, também já sem defesas. Vestira mais uma vez o preto e acomodara de novo, a tristeza, num canto do olhar.

A menina da Avó

Muitas vezes, a *menina* acordava pela manhã, no pequeno quarto junto à cozinha, com o belo canto do canário, retomando depois a consciência com o rumor dos passos da Avó, que andava atarefada de um lado para o outro, dando de comer às aves, ao casal de coelhitos, e ao canário que, alegremente, repetia *os acordes do seu belo canto*, como a Avó dizia, em cima do poleiro, da ampla gaiola pendente do centro do teto, como se fosse um móbil limitado nos movimentos. Outras vezes acordava na cama dos avós, com a porta entreaberta, ouvindo cantar o *canarito*, mas a Avó, já não estava em casa. Raras vezes, porém, acordava na casa da vizinha, na ponta do outro quarteirão (?) Estas irregularidades eram devidas às horas de trabalho na fábrica. Às vezes quando havia muito trabalho, prolongava-se o mesmo, por horas e horas seguidas; porém outras vezes, o trabalho era interrompido com um intervalo pequeno, sempre fora do horário *normal*.

Era o canário que acordava a Avó, antes mesmo das batidas do relógio de parede, na casa da vizinha Isabel. A luz, vinha então, do pequeno Pátio que existia no fundo da casa, atrás da cozinha, esbatendo-se entre a safana e as cortinas de cretone florido, colocadas na passagem de uma abertura de raiz, talhada sem portas, para o efeito. Servia a mesma como divisória entre o pequeno quarto do fundo e a sala comum. Do postigo talhado na porta da entrada, e da janela semiaberta que dava para a rua, entrava a luz, filtrada, da manhã que começava a crescer.

Um dia, lembrava-se de ter visto a Avó a chorar, dizendo que naquela manhã o canário não a tinha acordado como era seu costume; e que ao aproximar-se da gaiola, dera com o passarinho junto às grades, como que a rogar relva e sol. Faltando a coragem a Dona Petronila, o Avô oferecera-se para fazer o enterro na relva de um espaço público, com muito sol. A emoção com o tempo diluíra-se, e a memória daquele ser tão querido, fora guardada no coração de todos... dias depois, outro canário cantava em seu lugar.

Dona Petronila e... a *Menina Lucindinha*

Depois de dobrada a Rua Teófilo Braga, seguindo pela Rua Cândido dos Reis, no penúltimo quarteirão ficava a casa da Dona Petronila e à sua frente, a da *Menina Lucindinha*. No último quarteirão, porém, a casa da *Bita:*

"Bita Bitola, chapéu à espanhola

em cima do burro tocando viola"

Ao tempo, a *menina* fora para Lisboa, mas à distância e a partir da adolescência, a *Menina Lucindinha* acompanhara-a de longe, sequer esquecendo o dia do seu aniversário. Dela recebeu o seu último presente, um penteador de nylon cor de rosa, para que os cabelos não ficassem caídos sobre a bata. Perdera a Avó quando tinha onze anos de idade e, passado pouco mais de um mês, o Avô seguira-lhe. Sempre o ouviram dizer, para quem o quisesse ouvir, *se a minha Petra partir, que Deus me leve com ela"*. Não a levou com ele, mas foi a seguir. Dali para a frente, a *Menina Lucindinha*, sabendo tudo o que a menina da Avó desconhecia, e desejava saber, foi-lhe dando aos poucos algumas peças a encaixar no desmanchado puzzle, - uma carta, um postal, um retalho de um jornal... Muitas das peças, as mais pesadas e absurdas, nunca lhe foram parar às mãos, porque intercetadas pela censura das religiosas...

Quando a *menina* já senhora, regressada de Lisboa, viera viver para o Sul, e ao contemplar as mimosas, passava como por magia *para lá do espelho, nelas vislumbrando* as contas mágicas de vidro ou cristal, das quais se desprendiam e fundiam mil formas de uma policromia cintilante! Eram assim, os *pendentes dos candeeiros* da *Menina Lucindinha*, - a vizinha que vivia com os seus idosos pais... e mais do que vizinha, amiga. Com a mesma força e magia, seguiam-se as contas dos vistosos colares, com os quais a enfeitavam no Carnaval, como acessórios de *gitana* ou *sevilhana*. As contas, com a sua forma redonda e vítrea, ajustavam-se às dos coloridos rebuçados chatos, que se desfaziam na boca, deixando-a pintada. Os mesmos que a Avó deixava na botinha, colocada na chaminé, na noite da Consoada. Por associação de ideias, não pela forma, mas pela matéria, aproximavam-na, ainda, de certas miniaturas frágeis, de aves e de outros seres, de vidro opaco, transparente, ou colorido, que decoravam a credência da sala de entrada da *Menina Lucindinha*, - que não era tão menina quanto isso, mas como era solteira, ficara a chamar-se assim. A pedido da *menina*, deixava que esta lhe limpasse o pó aos bibelôs, enquanto namorava à janela.

– Ó Menina Lucindinha, então a namoriscar à janela!!! Não é que eu tenha inveja. Já lá vai o tempo... vai...

- Antes na janela, que para dentro de casa, Dona Petronila! Assim as más línguas, não têm *pano para mangas!*

- Olhe que tem razão, *Menina Lucindinha*. Ao que uma mulher se sujeita!

- Hoje há caldeirada com todos! Quer, Dona Petronila?

- Quando a minha *menina,* acabar de limpar o pó às miniaturas de vidro, chame-me, que eu vou logo buscá-la e na volta trago a caldeirada para casa. Não há melhor caldeirada nas redondezas, como a da *Menina Lucindinha... benza-a Deus!* e depois com aqueles cubinhos de pão frito a limpar o molho todo, nem se fala! Fica a travessa melhor que lavada!

Quanto à *Menina Lucindinha,* constou-se na terra que, o namorado depois de tantos anos fugira para casar com outra, o que lhe provocara um abalo tão grande, que por jura ou promessa, não se sabe ao certo, nunca mais olhou para homem algum. Acabou num acidente de viação a caminho de Lisboa, quando ia visitar a prima Bia, governanta do Senhor Dr. Sesinando, na ala ao lado do Patriarcado.

"Que a paz esteja com a *Menina Lucindinha!* - murmurava a *menina.*

Luisinho o quarto filho... da pouca sorte

Luís diminuía a distância que o separava da Praça Marquês de Pombal, assim, como que num balancé lateral, ritmado, usando a força toda do corpo, apoiando a mão à perna dobrada, - como viera ao mundo... e lá ia... coxeando. De vez em quando, parava ofegante para de seguida prosseguir. Se por acaso se cruzava com alguma *mecinha*, disfarçava o cansaço e, ruborizado, lançava um jactante assobio de apreço. Como resposta, era baleado com um olhar gélido que o prostrava, como se de uma arma mortal se tratasse. Mais tarde, tornara-se engraxador e fixara-se na Praça, levando na mão a pega da caixa de madeira com os acessórios próprios para bem desempenhar o seu ofício. Já ia pelos vinte e cinco anos de idade e ainda não se lhe conhecera uma única aventura, por mais fugaz que fosse. Deixara crescer o bigode ruivo, mas aquele maldito defeito, marginalizava-o, não lhe admitindo qualquer hipótese. Era muito habilidoso de mãos, possuía uma sensibilidade artística, considerável, capaz de fazer inveja a qualquer jovem. Punha a sua veia artística ao serviço da comunidade, na criação de cartazes públicos, na reprodução de molduras talhadas em cartão prensado, em moldes por ele imaginados, pintadas com purpurina. O efeito era surpreendente, de tal modo que chegava a vender-se mal encomendado. Além do mais, arranjava brinquedos desmantelados, incluindo as raras bonecas de loiça das meninas ricas, residentes na Vila e arredores. Bastava-se a si próprio.

O tempo, ocupava-o por inteiro: de dia o trabalho, à noite o violão. E quando tocava e cantava em algum serão, as canções espanholas eram as mais pedidas. Também dava gosto vê-lo repenicar as castanholas, com aquelas mãos fortes, pondo em destaque os musculosos braços. Além disso sabia trocar opiniões, recolher informações, ocorrências, tagarelices próprias duma Vila de reduzidas dimensões, enquanto polia o calçado dos seus habituais clientes ou ainda, o de algum eventual turista que por ali passasse. Aprendia com todos, um pouco de tudo, mas era nos livros que guardava, não se sabia onde, que mais se alargava, esquecendo a sua diferença, chegando a desejar para si próprio largos horizontes.

"Falava como um doutor, mas doutor, *doutor*, era o seu irmão mais velho, o António. Esse sim! até o tratavam por doutor *Patronilho*, sem nunca ter frequentado a Faculdade. Dele lhe vinham os livros com os selos espanhóis. O António fascinava todos pelo seu porte altivo, as roupas e o calçado branco, o cabelo de um louro arruivado, penteado com brilhantina, a dicção perfeita, a palavra fluente... as mulheres...

Agora ele... qual seria a mulher capaz de o amar, pelo que de belo tinha, pelo que valia, afinal... sem que olhasse para a diferença trazida à nascença, - maldita a hora! – que aos poucos lhe ia minando o corpo e a alma. Com o tempo tornara-se mesmo azedo e calado. Perdera o brilho faiscante do seu olhar, que tanto o valorizava, assinalando que estava bem vivo. Soube-se que mais tarde aparecera morto, envenenado, desgostoso com a vida. O corpo fora levado numa carroça para o cemitério da Vila, não merecendo levar o acompanhamento religioso que é próprio dar-se a um crente quando morre. Nem absolvição tivera. Como um cão fora enterrado, velado apenas pela mãe, dona Petronila, de rosto oculto por um véu de tule preto..." más sortes tiveram todos! Más sortes!"- dizia, sem expressão.

Porém, sobre a campa rasa, numa fatia de mármore, poder-se-ia ler-se a seguinte inscrição: "Aqui jaz em paz, aquele que nunca soube quanto foi amado". Não se sabe, ainda hoje, quem mandara colocar o mármore sobre a campa do Luís, mas há quem afirme que em todas as Primaveras, nela floresce uma rosa branca, como se fora a assinatura doce e delicada... de uma mulher apaixonada. Dizem....

A Avó Petronila

Casada com um marinheiro de origem nórdica, que ali ficara preso aquele olhar e ao sol do Sul, fora doméstica até ao seu segundo filho. Depois, pela força das circunstâncias, dera entrada na fábrica e ali ficara até a salmoura se lhe entranhar no sangue e lhe roer os ossos das pernas, vindo a falecer no leito do Hospital de S. José, na capital. Mas antes, pedira que lhe trouxessem a sua *menina*, à casa do seu primo, *na Rua Poço dos Negros*, lá para os lados do *Largo do Conde Barão*. Nunca mais a vira, desde que partira para Lisboa, e queria muito vê-la pela última vez, que fosse. Feita a sua vontade, então, sim foi internada no Hospital de S. José.

Pouco ou nada se sabia a seu respeito. A vida, curta e penosa, varrera-lhe os sonhos. Como esquecer as barrigas, seguidas, até à boca, trabalhando sempre, só parando no rebentamento das águas e das dores? os partos difíceis, em casa, com a ajuda da Ti Maria Florinda, – conhecedora de chás e outras mezinhas para casos de difícil solução –, a perna tolhida do seu quarto filho, por má colocação (?) no estreito da bacia...

Na sala comum, logo à entrada, descidos os dois degraus de tijoleira, sobre a parede branca e lisa, a poucos centímetros acima da mesa redonda, pendente uma fotografia oval mostrava a semelhança de dois rostos, cujas cabeças de igual modo penteadas se tocavam em perfeita simetria. "É a minha irmã gémea, a Sofia...", respondia a quantos a interrogavam com o indicador, e o olhar naquela direção e... ficava-se por ali... Dos cinco filhos que tivera, dois faleceram ainda jovens... o Miguel e o Luís. Quanto ao segundo, o Mário, regressado de França, apareceu na vila quando da morte da mãe. Não se sabe onde vive, embora digam que vive em Olhão, com a mulher e três filhos.

O Avô amigo... e a promessa

Cansada de tanto correr, enganado o medo com cantigas, chegara junto à ponte de Castro Marim, vindo sempre colada à via férrea, para que não se perdesse. O sentido de orientação levara-a até ali, de repente, uns passos e uma sombra que julgou ser a do "homem do saco", começou a persegui-la. Tentando despistá-la, respondeu a um falso apelo de uma mãe imaginária que, aflita, deveria estar ali perto à sua espera. De repente desatara a correr numa direção premeditada, fingindo ir ao seu encontro: "estou aqui, mãe, estou aqui."

Fora-lhe fácil dar com a casa da tia Mariana, enquadrada na fileira de casas térreas, brancas, iguais, – era a última da última fila. Comidas as papas de milho, deram-lhe o colchão da prima para que dormisse com ela. Olhando a claraboia viu com terror o rosto do *homem do saco* nela grudado; perseguira-a desde a casa da avó, e agora espiava-a. – assim pensava ela. Não tardaria que batesse à porta, para a levar no saco com ele, pois que fugira à Avó, e isso não era coisa que se fizesse. Os olhos já se lhe fechavam, pesados de sono, fadiga e medo, quando o batente caiu pesadamente, uma, duas, três vezes à porta da entrada... Não se apercebera de mais nada. Um sono profundo e reparador apossara-se-lhe do corpo, dos sentidos, fazendo-a viajar pelo imaginário. No dia seguinte, lá foi com o Avô de mão dada, confiante na promessa que ambos haviam trocado em segredo: ela não voltaria a fugir e o Avô levá-la-ia, numa das suas viagens, à Noruega.

A Morte

A problemática da morte era sentida, pela criança que foi, de um modo estranho, um tanto ou quanto mórbido, marcada que fora por um episódio. Tratara-se de uma desratização de casas e de ruas. Lembra-se de ter presenciado um homem qualquer, levando enormes e medonhas ratazanas, atravessadas por um ferro, de extremo a extremo, o que lhe causara um nojo e um horror medonhos. De imediato, gritara com quantas forças tinha, gesticulando de forma descontrolada perante tamanha visão, ao mesmo tempo que associava, no mesmo instante, a suposta agonia, lenta e dolorosa, sofrida por aqueles seres nas mãos selvagens e brutais dos homens. E esse comportamento reflexivo, misto de enorme nojo, repulsa, horror, ficara gravado, repetindo-se para lá do seu crescimento, prolongando-se no tempo de forma perniciosa, sempre que algum rato se atravessava no seu caminho.

Lembrava-se, ainda, de uma ilustração, no livro de ciências (?) do "primeiro ciclo preparatório" dos Liceus, com a utilização da cor cinza, na configuração de um rato dentro de um frasco de laboratório, repetindo-se por três vezes em fases sequenciais. No primeiro frasco de vidro, destapado, um rato movimentava-se com alguma normalidade, embora procurasse a fórmula para a sua liberdade. No segundo, o frasco fora rolhado, e o comportamento do animal revelava algum desespero procurando sair. Por fim, no último frasco, o rato não sobrevivera. Acabara de morrer, depois de ter consumido todo o ar existente no referido frasco. Esta forma tão simples servia para a compreensão do fenómeno respiratório e da exigente supremacia do oxigénio na mistura de gases a ser inspirado. No desenho fora utilizada a cor cinza, o que supostamente não provocaria repulsa alguma; o mais que poderia suscitar na adolescente, seria um sentimento de pena. Nunca, uma tal pulsão repelente, acompanhada de um reflexo mecânico, que se escapava ao seu controlo: não conseguindo olhar para a ilustração, fechava abruptamente o livro, negando-se a olhar a série, quando lhe pediam que falasse sobre o que vira. Não entendiam bem o porquê daquela recusa obstinada, acompanhada de tanta crispação. Na verdade, ficara assim, estranhamente nervosa, ao transferir a imagem da sua remota infância.

O Hospital Marquês de Pombal... e o primo da Avó Petronila

A luz rompia daquele jardim, projetando-se nos corredores amplos, revestidos a azulejo branco. O chão recoberto de mosaicos pretos e brancos, mais parecia um gigantesco tabuleiro de xadrez, transposto pelos peões que, ignorando as regras, por ele circulavam de forma irregular. A *menina da Avó* fora o mais refratário peão, nesses tempos perdidos da infância... Saltava, corria, patinava e até dançava em pontas, calçada com as alpergatas, deslizando suavemente no encerado xadrez, até que a enfermeira madrinha Isabel, atarefada com os serviços a prestar aos doentes, lhe impunha a negrura medonha de uma arrecadação. Por vezes, lá trocava o sítio temido por um outro, menos escuro e, na pequena divisória de vidro, faziam baloiçar um chapéu suspenso por uma vassoura invisível. Como resposta a tal estímulo, deixava que gritos de terror lhe rasgassem o peito, enquanto o coração apertado pelo medo, subia e descia descompassado, roubando-lhe o ar. Ainda hoje não sabe que significado atribuir àquela figura espectral!!!, talvez o "homem do saco" a espreitasse! via-o sempre, quer fizesse maldades, ou não.

Perguntava-se, para onde iriam os doentes, "adormecidos" nas suas camas brancas do Hospital, para não mais acordarem (?). Via-os cobertos de lençóis, antes de serem isolados por um biombo, - para não "incomodarem", de certo modo, os outros pacientes. -, e posteriormente levados para a "residência" ao fundo do jardim. Aquele jardim, percebera mais tarde, dava acesso à casa mortuária, a morgue... Havia a persistente proibição de transpor aquela porta, o que só por isso a atraia... Um jogo de forças ambivalentes, criado na proibição, no medo, no mistério, na curiosidade, ia tomando forma e crescendo dentro dela. Todo aquele mistério era então devassado pelo aparatoso silêncio, pela ornamentação dos galões dourados, a palidez das faces, a rigidez da postura, os cheiros, as rezas, as lágrimas, a penumbra, a luz frouxa e tremeluzente das velas, tudo, tudo a envolvia como num enorme pesadelo. No seu subconsciente de menina, aliada a esta imagem, sobrepunha-se uma outra: um jardim cheio de flores, relva, chilreios contrastando com silêncios, estes, intimamente mais longos que os sons emitidos pelas aves. As flores, iguais na forma e no perfume, punham-na estonteada. Fugindo a funerais, não os suporta. Dá-lhe ganas de gritar, de interromper a cerimónia, desenterrar o caixão e retirar quem está no sono, provisoriamente eterno, para depois transladá-lo para uma urna de cristal e colocá-lo num sítio estratégico, por forma a ser visitado, pelos seus entes queridos.

Para que não tivesse a fantasia de *sair* do Hospital, fora-lhe dado a vestir o equipamento hospitalar, constando de uma saia rodada, de pano cru carregado de goma, presa na cintura por um elástico, uma touca franzida, do mesmo pano, que lhe deixava a loira franja a descoberto e um casaco enorme do mesmo tecido, tatuado no peito com o logotipo do Hospital, - um pelicano a dar à sua cria, o sangue a correr do peito aberto.   Era assim que a *menina*, de faces pintadas com a graxa de sapatos, se preparava para o *teatro* e a leitura que gostava de oferecer aos queridos doentes. Ocorre-lhe, ainda, de ter assistido nesse tempo a um incêndio, gritando separada pelos vidros de uma larga janela. Dias depois, esquecido que fora o acontecimento, introduzira um novo número ao seu espetáculo, patinando de alpergatas, para depois se deixar escorregar pelo largo corrimão de mármore branco, correndo finalmente para o jardim.

Ali, as rosas de diferentes castas, trepavam graciosamente pelos arcos, perfumando o ar e, vestindo-lhe o olhar eram um convite a prosseguir com a sua teimosa curiosidade em saber o que havia para lá desse corredor a céu aberto. Ali, ficava procurando insetos que depois eram deitados no aveludado das largas pétalas cor de sangue, embalados com toda a ternura, como se fossem filhinhos pequeninos. Ali, ficava até que o Chico a encontrasse, e com ele a levasse a comer um delicioso caldo verde, - o primeiro caldo verde da sua curta vida. O Chico enfermeiro e amigo, muito alto e de cabeça rapada, pele morena e olhos negros como dois carvões faiscantes, sorriso limpo. Às vezes contava-lhe histórias e cantava-lhe cantigas, cujo significado desconhecia, mas às quais achava graça. Levava-a às cavalitas e acompanhava-a no elevador para depois, na copa, tomarem as refeições, juntamente com o padrinho Miguel.

Este primo direito da Avó, era um amigo, mesmo quando a proibia de atravessar aquela porta lá ao fundo, no jardim. Além disso estava sempre ocupado e quando não estava, a Igreja absorvia-lhe todo o tempo livre. Ia à missa, ao terço, à bênção, sempre que podia. Fazia parte dos Irmãos da Confraria e integrava-se nas cerimónias religiosas com uma fé de santo. Era muito bondoso e sempre que se cruzava com ela, acariciava-lhe os cabelos lisos da franja com a mão, leve como uma asa de pomba. Laços de sangue os uniam. Corria-lhes nas veias o mesmo sangue, pois era primo direito da Avó, a Dona Petronila. Tal como o tio Luís tinha uma perna mais curta do que a outra, e para compensar a diferença, usava um tacão muito alto na bota, preso com uma armação metálica... mesmo assim coxeava ligeiramente, o que deveria cansá-lo um pouco. Fora ainda testemunha ocular do seu nascimento e apadrinhara o ato. Chegara mesmo a ser padrinho de batismo, para que a *afilhadinha* pudesse entrar no colégio das freiras, em Lisboa. Nunca casara, devotando-se inteiramente aos outros, mas dizia-se ao tempo, que chegara a ficar noivo e de casamento marcado, mas a noiva... morrera. Viveu sempre no Hospital Marquês de Pombal, dedicando a sua vida, anos a fio, e com grande devoção a quem por lá passou, minorando-lhes as dores do corpo e da alma. Revelou-se um ser íntegro e generoso – Irmão da Confraria – dedicando-se ao trabalho e às causas religiosas. Ironicamente veio a falecer numa das camas por onde passou a dor, disfarçada com outros nomes, outros rostos.

Há pessoas assim! Esquecem-se delas próprias e prolongam-se nos outros, não esperando recompensa.

A Grande viagem para Lisboa

Deixara o Avô pregado à estação, com os seus olhos imensamente azuis, embaciados, de mão acenante, já estática, num adeus sem fim... E nunca mais o vira. Sente, ainda, como a estrangula essa imagem. Uma nuvem de vapor assobiava, assinalando a corrida.

Tomara lugar num dos muitos acentos semelhantes a bancos de jardins: de madeira e na sua cor natural, sem qualquer pintura, emparelhados com uma distância entre si, de um passo mal medido. Eram bastante incómodos, por sinal. Esquecera o duro assento, esquecera quem a acompanhava para se fixar no seu lindo vestido novo, cor de rosa velho, salpicado com cestinhos de flores em dois tons de gelado de morango. Gravara essa memória e recordá-la-ia mais tarde, juntamente com "Os Presentes do Menino Jesus", - um poema escrito no livro de leitura da primeira classe, ilustrado com um cestinho semelhante aos do vestido, mas apenas desenhado. Fora tudo tão à pressa e de modo tão inesperado, que se esquecera de o trazer. Que diria a professora Josefinha, quando não a visse com a cadeirinha às costas e a sacola enfiada no braço, uma manhã, e outra, e outra... que saudades tem da amiguinha Bita, com a sua trança loira, parecia vê-la, ajudando-a a montar a *mulita*; "anda, Zefinha! anda Zefinha!, anda, Zefinha!". E de seguida, montava a Bita:

"Bita, Bitola chapéu à espanhola

em cima do burro tocando viola".

Levara sem querer a mão à cabeça e tocara no laçarote, implantado logo a seguir à franja de cabelos loiros, lisos.

Não se fixara nos sapatos ou sandálias, mas descalça não iria, pela certa, porque a princesa *Teresa Sanches*, - seria mesmo uma princesa ou morava na *Rua da Princesa*? – não a deixaria descalça. Como detestava estar calçada! As botas que o avô comprava na feira, raramente as trazia nos pés, não se estragando com o uso, e só eram trocadas quando deixavam de servir, porque o pé crescia... Gostava de sentir o que pisava, e sem apertos...

Até chegar ao Barreiro, fora-se entretendo com a paisagem, mastigando-a com o ovo cozido que a enchera por completo. Tão completamente que, quase a sufocara, não fosse uma sacudidela que levara nas costas, o que a fez projetar parte do conteúdo, voltando a respirar, normalmente. Pouco depois, alguns caramelos e umas amêndoas, adoçaram-lhe a boca, o tempo, a distância. Ansiava por chegar a Lisboa. Era lá que a esperava a "boneca" prometida, igualzinha às bonecas espanholas, do seu tamanho..., mas esta dizia "mamã e papá". Esquecera já o que deixara para trás, esperando regressar tão pronto lhe dessem a sua "boneca"!

De novo, a visão aquosa e azulada que os seus olhos tanto pediam. Não se sentia feliz sem a presença da enorme massa de água... o Guadiana, a que estava habituada desde o nascimento. Desta vez, era o Tejo, atravessado de barco, sem ponte alguma a unir-lhe as margens e... a aproximação, gradual e linda ao estuário, onde quase, se poderia imaginar uma receção com os pregões das varinas e de outras pregoeiras... a capital! De facto, o Cais das Colunas, com as gaivotas em círculos apertados, sobrevoando as águas... e mais adentro, nas *ruas estreitinhas de Alfama*, o odor a peixe, a fruta, a flores, a café torrado... foram as impressões marcantes de Lisboa.......

"Ai meu Guadiana... te juro e jurarei,

que nunca te atraiçoarei pelo Tejo!

Guardado em mim, ficarás para sempre".

O engano

Dona Petronila ficara a rogar pragas, imobilizada na cadeira, pelo peso excessivo de uma emoção medonha. "As senhoras da catequese! Foram elas, pois então? Quem mais havia de ter sido? Invejosas do protestantismo do Rodolfo! Malditas bruxas que lhe haviam roubado a "sua menina", a sua alegria... Criara-a com tanto amor, tanta dor, como se filha fora, e agora nem a direção lhe davam, para que podendo a fosse visitar lá nos confins do mundo, na capital! E aquela doença que se instalara no sangue, rebentando as veias entumecidas de uma das pernas, disformes pela salmoura e pelo curto descanso de largos dias a fio, sempre de pé, naquela banca! Já vinha de há muito, o tratamento com um unguento guardado em pequeninas caixas redondas, de finas lascas de madeira. Depois ajustava-se uma ligadura, e assim se passavam os dias, umas vezes melhor outras pior. "Maldita a pouca sorte com que a fadaram! Maldita herança lhe coubera!" Primeiro tinham-na forçado para que deixasse a "sua menina", no Hospital entregue aos padrinhos... sempre teria mesa e roupa lavada, - aliviando-a um pouco das despesas e das preocupações -, agora que adoecera. Sempre a tinha ali à mão, não andaria aos baldões pelo Lazareto, bebendo o mau café da Maria Santos, fazendo recados a esta e àquela..."

Enquanto isso, sem que desconfiasse, iam correndo os papéis impostos pela burocracia, para que o internamento da "sua menina" se fizesse numa das Casas de Assistência. Prolongara-se a espera e passado um ano, conseguiram enfim, os seus intentos. Arranjado o enxoval, vestiram-na, e na hora da partida, como dona Petronila estivesse na Fábrica, - disseram-lhe depois, como desculpa - não a levaram a despedir-se. "Tretas! Também, ficara a rogar pragas, quando tivera conhecimento do facto! já consumado, claro!" Uma infelicidade na vida, nunca vinha só! No entanto, se acaso alguém lhe batesse à porta, esmolando o que quer que fosse, prontamente era atendido, com a melhor das fés, não se indo embora de mãos vazias, em nome da sua *menina*.

E o António, o primogénito? Foi o que se vira e o mais que se está para ver, liderando os outros, não admitindo opiniões, que não as dele, chegara a ser a fiscal de alfândega... Depois partira para Espanha à espera de melhor sorte. Mais remotamente, de Espanha dera o salto, passara-se para outros países, trabalhando no convés de barcos de grande porte. Ao tempo, não chegara a constar, no Registo do Cartório da Vila onde nasceu, que se tenha casado, divorciado, enviuvado, ou falecido...

Diziam as bocas que, sob nome falso, procurara nas tabernas a norte do Tejo, algum conforto e alento. Más línguas! Mas ao certo, certo, ninguém sabia onde parava, como vivia, o que fazia. Talvez tivesse amado alguém, tivesse outra filha, um filho, outros filhos, nenhum filho. Talvez estivesse só e abandonado. Quem o saberia ao certo? Certo, certo, é que não mais voltara à terra perfumada, iluminada pela luz singular, do sol mais quente e belo que o vira nascer.

O reencontro com a *menina*, anos mais tarde, fora determinante para que tranquilizasse o seu espírito, e juntos vivenciaram o dia mais feliz de suas vidas.

"Vira-o sentado numa das cadeiras da sala de espera, das urgências de um hospital civil da capital. Barbas grisalhas, lábios bem delineados e grossos, o olhar de um azul precioso e raro, rosto vincado pelo tempo. O corpo em pregas, sobre a cadeira, "não tinha outro lugar onde deitá-lo, onde deitar-se, só aquela cadeira". E antes que fosse interrogado, começou a falar da vida que tivera e como vivera, da liberdade que o norteara sempre, da "fidelidade a si próprio, pois então? Mas asilo, não. Pelo menos enquanto as suas capacidades físicas e mentais, o erguessem. Que respeitassem a sua vontade, era tudo quanto pedia. Não se queixava de nada, era a vida." Nunca casara, mas trocara o seu amor por uma viagem, ao tempo dito, sem retorno, para que a sua prima refizesse a vida, após o nascimento da criança. Sabia-lhe o nome e a data de nascimento, mas perdera-lhe o rasto desde longa data."

A Repórter X

Com as Primaveras Florindo

Diz-lhes: Nunca tiveste umas saias velhas
onde esconder a cabeça,
nem um berço com uma estrela...
Só fantasmas espalmados nas paredes
dos sonhos de terror.

E Fadas? Tiveste?
Só uma, transparente e rosada
na estrada de mimosas, cantando
como uma sereia: " por aqui... por aqui..."

Diz-lhes:
Não te perguntavam, nunca, nada.
Para quê?
Só as cabeças levantadas
e o indicador de quantas mãos?
te diziam: "vai... vem..." e tu'
seguias a monotonia de um canto partido
de muitos cantos: o mesmo canto.

Diz-lhes:

As mimosas ficaram lá, no Sul,

repetindo-se com as primaveras.

À tua espera, estão florindo.

Deixa o Inverno passar, por ti.

In "À Esquina do Olhar" – Menção Honrosa
Ano Internacional da Paz 1988

Índice